ALLOCUTION

PRONONCÉE AU SERVICE

CÉLÉBRÉ LE 13 NOVEMBRE 1884

Dans l'église de Notre-Dame-des-Champs

POUR

M. L'ABBÉ DE LAGARDE

DIRECTEUR DU COLLÈGE STANISLAS

PAR

Mgr D'HULST

RECTEUR DE L'INSTITUT CATHOLIQUE DE PARIS

ALLOCUTION

PRONONCÉE AU SERVICE

CÉLÉBRÉ LE 13 NOVEMBRE 1884

Dans l'église de Notre-Dame-des-Champs

POUR

M. L'ABBÉ DE LAGARDE

DIRECTEUR DU COLLÈGE STANISLAS

PAR

Mgr D'HULST

RECTEUR DE L'INSTITUT CATHOLIQUE DE PARIS

ALLOCUTION

PRONONCÉE

AU SERVICE CÉLÉBRÉ POUR M. DE LAGARDE

PAR

Mgr D'HULST

MESSIEURS,

Saint Bernard, commentant un jour à ses religieux la touchante histoire de la Visitation, les exhortait à louer Marie : Ne craignons pas, leur disait-il, de trop exalter cette Créature. Voyez ce qu'elle fait de la louange : elle la renvoie toute au Créateur ! à peine a-t-elle entendu la salutation d'Élisabeth : *Vous êtes bénie entre toutes les femmes*, qu'à son tour elle s'écrie : Mon âme glorifie le Seigneur.... *C'est lui qui a fait en moi de grandes choses, parce que son nom est saint.*

Cette leçon du saint Docteur me revient à la mémoire au moment où je dois payer un tribut d'éloges et de regrets à la mémoire du prêtre, du père, de l'ami que nous avons perdu. Que de paroles vaines retentissent trop souvent au-dessus des tombeaux ! Toute vie qui s'éteint paraît aux survivants réclamer une apothéose, et ils la lui décernent sans marchander, cédant peut-être à un secret désir de mettre la gloire à leur portée en glorifiant plus que de raison une existence qui n'a pas dépassé le niveau commun.

Je ne crains pas de mériter ce reproche en m'acquittant aujourd'hui d'une tâche bien chère à mon cœur. Ce qui me rassure, ce n'est pas seulement mon dessein arrêté de parler brièvement et simplement de celui que nous pleurons, c'est surtout le caractère de son mérite et de sa vertu. La main de Dieu est si visible dans l'histoire de cette âme, la part de Dieu si grande dans les transformations qui l'ont conduite jusqu'à sa perfection, que c'est la louange de Dieu qui s'en échappe de toutes parts ; et nous ne pouvons rien louer dans cette vie exemplaire sans qu'aussitôt retentisse à nos oreilles un chant d'adoration et d'action de grâces : *Magnificat anima mea Dominum.*

Oui, Messieurs, et c'est là tout ce que je viens vous dire. Nous savons que Louis-Étienne de Lagarde avait trouvé au foyer domestique des traditions d'honneur, d'urbanité, d'intégrité noble et fière ; nous savons que son esprit reçut une culture scientifique peu commune à l'époque et dans le milieu où il vivait ; nous savons que, en se donnant à Dieu, il ne perdit rien des avantages que son heureuse nature et son éducation lui avaient départis. Après l'éclipse volontaire d'une vie qui avait fui l'éclat pour s'ensevelir dans l'obscurité du cloître, nous retrouvons l'homme d'éducation à la tête d'une des premières écoles dont la France chrétienne et lettrée puisse s'enorgueillir. Nous voyons l'humble religieux estimé, écouté, recherché par les premiers maîtres de la jeunesse, par les chefs des grands établissements universitaires. Les honneurs, les distinctions viennent forcer sa retraite et désigner à tous les regards un mérite qui s'ignorait lui-même. Oui, tout cela est vrai : mais s'il n'y avait que cela, Messieurs, je ne serais pas dans cette chaire. Non, la chaire évangélique n'est pas faite pour cette sorte de louanges. Et d'ailleurs ce serait une façon incomplète et trompeuse de présenter à vos regards la vie de celui que nous pleurons.

Je le dirai tout haut : Louis-Étienne de Lagarde était de la race des saints, c'est-à-dire de ces chrétiens qui prennent l'Évangile à la lettre, pour en faire la seule lumière de leurs voies, le seul mobile de leur conduite. Ceux qui n'avaient avec lui que des rapports d'affaires pouvaient l'ignorer ; et ceux-là s'étonnaient alors de la constance de sa vertu. Ceux qui approchaient plus près de son cœur ont découvert quelque chose de la force intérieure qui l'animait. Où sont-ils, ces témoins de sa vie intime ? Ce sont d'abord les compagnons de son dévouement, les religieux ses frères, initiés, pendant les années d'une formation commune, à ces mystères de grâce dont Dieu est le seul auteur et que seul il connaît bien. Puis c'est vous aussi, mes amis, mes enfants, vous qui, durant treize ans, avez pu expérimenter au profit de vos intelligences et de vos cœurs tout ce qu'il y avait dans cette âme et de vigueur et de tendresse. Vous n'avez pas seulement senti qu'il vous aimait, vous avez compris pourquoi il vous aimait, ce qu'il aimait en vous, ce qu'il y respectait, ce qu'il voulait y faire de grand pour le bonheur de votre vie, pour l'honneur de vos familles, sans doute, mais plus encore pour le salut de vos âmes. Eh bien, je ne crains pas de le dire, ceux-là mêmes qui sont entrés le plus avant dans le secret de son cœur, ne l'ont pas entièrement connu ; et c'est là un trait de plus qui le rapproche des grands serviteurs de Dieu. Leur vie laisse passer comme un rayonnement de leurs vertus, mais ils gardent au fond d'eux-mêmes le meilleur d'eux-mêmes, et c'est la mort seulement qui découvre ce trésor.

Voilà pourquoi les derniers moments de ce prêtre admirable offrent un spectacle plus touchant encore que sa vie. Voilà pourquoi on y a trouvé tant de grandeur sereine, tant de douceur et de paix dans la souffrance. C'est quand la tombe se ferme, quand il semble que le silence doive commencer sur une vie, que le silence, au contraire sera rompu de toutes parts si la vie qui vient de s'éteindre a été pleine de Dieu. Chacun apporte ses révélations ;

chacun de ceux qui ont été en intimité avec cette âme vient dire ce qu'il en a reçu ; et il se forme alors comme un faisceau de témoignages ; et tous comprennent ce que chacun avait ignoré ; et tous glorifient le Seigneur qui, une fois de plus, a montré la puissance de son amour et de sa grâce dans une créature humble et fidèle.

N'est-ce pas là, mes frères, ce qui vient de se passer sous nos yeux, au lendemain de cette mort qui nous a plongés dans le deuil ?

Nous commençons à comprendre tout ce que nous avons perdu parce que nous voyons mieux tout ce que Dieu nous avait donné. Nous savons maintenant que cet enfant de grâce, né à Paray-le-Monial, tout près du sanctuaire du Sacré Cœur, entendait, onze ans après, dans ce même sanctuaire, l'appel à la fois impérieux et délicat du Dieu de sa première communion. Nous savons comment les années de son adolescence ont été partagées entre le travail et la prière et sanctifiées par la vertu ; et nous nous étonnerions davantage alors de retrouver dans ses souvenirs intimes les accents du plus vif repentir, si nous ne savions que c'est encore là un trait des saintes âmes. Car de même qu'en s'éloignant de Dieu l'âme humaine se durcit et s'aveugle, ne voyant plus, ne sentant plus le mal à force d'oublier le bien ; de même aussi tout ce qui la rapproche de la sainteté divine lui fait mieux apercevoir et ressentir plus douloureusement sa misère. Voilà pourquoi les Saints, avançant chaque

jour dans l'intimité du Dieu qui avait réjoui leur jeunesse, découvrent sans cesse en eux de nouvelles taches.
Voilà pourquoi des fautes que nous ne savons pas re-
gretter font couler leurs larmes et provoquent de leur
part les saintes représailles de la pénitence. Celui que nous
pleurons a connu ces glorieuses tristesses. A peine
a-t-il mis le pied sur le seuil de la vie parfaite, nous le
voyons comme accablé sous le poids de souvenirs que
d'autres eussent trouvé bien légers. L'humilité naît ainsi
du repentir. Elle vient mettre son empreinte sur de nais-
santes vertus. Dieu s'incline vers celui qui s'abaisse et
répand libéralement ses dons. On voit alors une âme à
la fois pure et forte, humble et vaillante, prête, par con-
séquent, pour tous les travaux et toutes les entreprises
de cette réforme intérieure qui doit préparer en elle ses
œuvres au dehors.

Le noviciat du frère de Lagarde fut rempli par l'exercice des plus mâles et des plus généreuses vertus. C'est
avec les élans de la piété la plus tendre qu'il se prépare
aux ordres sacrés. C'est avec une obéissance parfaite
qu'il accepte toutes les fonctions, même pénibles et difficiles, que ses supérieurs lui assignent. Nous le voyons,
peu de temps après, faire une courte apparition dans ce
collège Stanislas qui devait un jour emprunter à son dévouement et à sa direction éclairée tant de prospérité et
tant d'éclat. Cette fois il s'y cache plutôt qu'il ne s'y
montre. Quand le devoir le permettait, c'était toujours

la pente de son cœur. De là on l'envoie dans l'humble maison de Saint-Jean-d'Angély, où tour à tour il s'initie et s'exerce aux tâches variées et délicates dont se compose l'œuvre complexe de l'éducation. Conduite des âmes, enseignement, discipline, il met la main à tout. Lorsqu'il a passé par ces épreuves, sa maturité précoce le désigne pour prendre la direction du petit séminaire de Moissac. C'est là qu'il se révèle. C'est là que paraît en lui l'homme d'autorité et de bon conseil, l'homme d'abnégation totale et de dévoument sans arrière-pensée. Cette chère maison est pour lui tout son univers. Son ambition n'embrasse pas d'autres horizons. Il ne rêve que de vivre et de mourir là, ignoré des hommes, tout entier consacré à cette tâche sublime, la première formation des jeunes clercs. Mais Dieu en a disposé autrement. A peine a-t-il pu se faire connaître et se faire aimer, à peine a-t-il pu assurer par ses œuvres la prospérité de cette maison, que de nouveau un ordre de ses supérieurs l'appelle loin de là, dans ce grand Paris qui effrayait sa modestie.

On le met à la tête d'une institution qui, placée sous l'invocation de Marie, méritait bien d'être conduite par un des plus fervents serviteurs de Marie. Il se donne à sa nouvelle mission avec cette facilité qui est le privilège des âmes détachées. Le progrès des études, l'accroissement de la maison sont bientôt le résultat de sa direction. L'heure de la grande notoriété n'a pas encore sonné pour lui. Mais tous ceux qui l'approchent, l'estiment et lui donnent leur confiance. Désormais ses supérieurs savent qu'ils peuvent compter sur lui pour les grandes œuvres. Aussi nul ne s'étonne du choix, qui peu d'années après, appelle l'abbé de Lagarde à partager les sollicitudes du vénéré directeur de Stanislas. Ah! comment nommer ici ce père de la jeunesse sans rappeler qu'il fut, lui aussi, un maître et un modèle dans l'œuvre incomparable de l'éducation chrétienne? O Père, ô guide de mes jeunes années, qui pourra m'adresser un reproche si, louant aujourd'hui celui qui fut votre fils, je me souviens que vous me donniez aussi ce nom, et si je salue, avec l'émotion d'une même reconnaissance, deux figures inséparables : l'abbé Lalanne et l'abbé de Lagarde !

Auprès de ce vétéran de l'éducation, l'abbé de Lagarde sut rester toujours un fils dévoué et soumis ; mais en face des responsabilités attachées à sa charge, s'inspirant seulement du devoir, il cherchait le bien avec virilité et ne sacrifiait jamais sa conscience à son cœur.

En même temps et pour obéir à un ordre de ses supérieurs, il s'imposait le travail ingrat d'une préparation tardive à l'un des grades scientifiques les plus difficiles à obtenir. Au cours de cette préparation une grave maladie vient de l'éprouver. La patience douce et héroïque qu'il sut opposer à de longues et cruelles souffrances révèle à tous ses frères la solidité de sa vertu. A peine remis, il affronte avec succès l'épreuve intellectuelle. Et maintenant il peut recevoir le titre universitaire qui le place à côté du vénéré directeur et le désigne d'avance comme le continuateur de ses travaux.

Voici les jours douloureux pour la patrie, la défaite avec ses humiliations, le siège avec ses angoisses. Le collège est licencié. Les grands élèves de Stanislas prennent rang parmi les défenseurs du territoire envahi. Un nécrologe glorieux perpétuera, sous les yeux de leurs frères plus jeunes, le souvenir de leur héroïsme. Mais le plus grand nombre est encore incapable de porter les armes. Pour les soustraire aux dangers de l'oisiveté, l'abbé de Lagarde les réunit, les initie aux sentiments généreux, et, afin d'appuyer ses paroles par l'exemple, il va consoler les blessés dans les ambulances, les malades dans les hôpitaux ; le collège lui-même devient l'asile des victimes de nos combats. Les forts, les avant-postes reçoivent la visite du prêtre, et les jeunes soldats retrouvent à côté d'eux, à l'heure du danger, celui qui de loin leur avait enseigné le courage et le dévouement.

Après le premier siège, voici le second. La guerre civile ajoute ses horreurs aux maux de la guerre étrangère.

La jeunesse connaît alors un danger plus redoutable que la mort : celui d'être enrôlée de force dans les bandes impies et sacrilèges qui marchent contre le drapeau. Pour les soustraire à ce péril, l'abbé Lalanne emmène avec lui les plus grands de ses fils, et il va demander l'hospitalité à la généreuse maison de Juilly. Pendant ce temps, l'abbé de Lagarde demeure à Stanislas, intrépide gardien de la maison qui lui est confiée, attendant, au milieu des événements sinistres qui n'ébranlent pas sa constance, le secours que sa foi espère et que sa prière implore.

A peine la paix est-elle rendue à notre pays, l'abbé Lalanne, sentant que le poids des années s'aggrave, se décharge avec joie de son fardeau et le dépose sur les épaules de celui en qui l'expérience avait montré le digne héritier de son dévouement. C'est alors que commencent ces treize années de direction au collège Stanislas qui sont la partie la mieux connue et certainement la plus brillante de la carrière de l'abbé de Lagarde. Mais ici encore, ici surtout, je l'affirme, le monde qui trouve matière à beaucoup d'admiration, à beaucoup de reconnaissance, ne connaît pas la véritable inspiration des vertus dont il a recueilli le bénéfice.

Oui, l'abbé de Lagarde durant ces treize années, a su prendre rang parmi les premiers instituteurs de la jeunesse. Mais sa supériorité fut avant tout celle de sa vertu, de sa foi vive, de son amour pour les âmes. Chef vigilant, clairvoyant et, à certaines heures, inflexible, il était père aussi, père surtout, dans l'exercice de ce ministère intime qui ouvre au prêtre de Jésus-Christ le secret des âmes et lui permet d'en faire sortir le mal, et d'y faire entrer Dieu. L'abbé de Lagarde fut un grand directeur spirituel de la jeunesse studieuse. C'est par centaines qu'il fallait compter et les enfants, même les plus petits, et les jeunes gens, même les plus avancés, qui, librement, allaient confier les secrets de leur âme à celui qui cependant avait l'autorité du dehors et le pouvoir de décider de leurs destinées. Tant était grande la confiance qu'en lui le prêtre inspirait avant tout ! Tant un secret instinct avertissait cette jeunesse que le dévouement dont elle recueillait les fruits avait surtout son inspiration dans le cœur de Jésus-Christ !

Voilà ce que nous avons vu, mes frères, et voilà le secret des bénédictions que Dieu a répandues avec tant d'abondance sur cette existence si bien remplie !

Où donc était la part de l'humaine faiblesse ? où donc était le tribut que toute vie d'homme paye à l'erreur ou à l'infirmité ? Il ne m'appartient pas de le dire. Mais j'ai pu recueillir quelques échos, et voici tout ce que j'ai trouvé : « Il s'épuisait trop, il ne comptait pas avec ses forces, et voilà pourquoi une existence aussi précieuse, qui promettait encore à la jeunesse chrétienne de longs services, s'est éteinte à 51 ans, après plusieurs années de cruelles souffrances, supportées en silence, avec une patience héroïque. »

Ce fut un tort peut-être, un défaut de mesure. Je ne le veux pas nier. Mais je me borne à dire qu'entre la loi du sacrifice, qui voue à Dieu une vie d'apôtre, et la sagesse chrétienne, qui défend de la prodiguer, la mesure est malaisée à garder. Les âmes ordinaires sont exposées à donner trop à la sagesse, les âmes saintes abondent dans le sens du sacrifice. Et puis il y a les conflits douloureux, des devoirs contraires : d'un côté les exigences de la fonction, exigences toujours plus impérieuses et plus multipliées : les heures n'y suffisent pas, les jours sont trop courts, les nuits sont envahies. En même temps il y a d'autres réclamations moins bruyantes, qui ne retentissent pas au dehors, que l'âme dissipée peut bien ne pas entendre, mais que l'âme recueillie ne se pardonnerait pas d'étouffer : appel discret du Dieu qui habite notre cœur et qui veut y être honoré, besoins surnaturels de prière intérieure, de conversation avec Dieu, faim et soif des choses divines qu'on ne trompe pas impunément et qu'il faut satisfaire si l'on ne veut redescendre au niveau de ces dévouements mêlés d'égoïsme que le ciel n'inspire plus. O père, ô ami, si vous vous êtes trompé, votre erreur est de celles que Dieu pardonne, car son amour n'y fut pas étranger. Et à cause de cela, tout en nous plaignant à vous de votre départ, nous devons vous pardonner nous-mêmes d'en avoir peut-être hâté l'heure.

Avais-je donc raison, Messieurs, de le dire en commençant ? Oui, cette vie fut pleine de Dieu. Cette vie fut une création de Dieu. Cette vie est redevable à Dieu de tout ce qui l'élève au-dessus des existences vulgaires, de tout ce qui la désigne à notre admiration reconnaissante. Ceux qui la regarderaient autrement, l'entendraient mal, et lui feraient tort. Mais aucun de ceux-là n'est ici. C'est bien un hommage chrétien que tous vous êtes venus lui rendre, et cet acte était bon à faire à l'heure présente, à l'heure où l'on essaye, en plus d'un lieu, d'ôter Dieu à l'enfance et d'isoler le dévouement des sources divines qui l'alimentent. Par votre présence, par votre prière, maîtres et parents, vous êtes venus dire : Ne séparez pas ce que Dieu a uni : le tenter serait criminel, y réussir serait funeste !

Imp. de la Soc. de Typ. - NOBLETTE, 8, r. Campagne-Première. Paris.